ELOGE

DE SON ALTESSE ROYALE

CHARLES-FERDINAND D'ARTOIS,

DUC DE BERRY,

FILS DE FRANCE.

On trouve aussi chez ***NOZERAN***, *Libraire*,

ELOGE DE S. A. S. LOUIS-ANTOINE-HENRI DE BOURBON-CONDÉ, DUC D'ENGHIEN, Discours qui a remporté le prix au concours de l'Académie de Dijon, par M. Maquart. Paris, 1817; brochure *in*-8.° Prix, 1 fr., et 1 fr. 10 cent. pour les Départemens.

IMPRIMERIE DE MIGNERET, RUE DU DRAGON, N.° 20, F. S. G.

ÉLOGE

DE SON ALTESSE ROYALE
CHARLES-FERDINAND D'ARTOIS,
DUC DE BERRY,
FILS DE FRANCE.

Discours qui a remporté, le 25 Août 1820, le Prix du Concours extraordinaire ouvert par l'Académie des Sciences, Arts et Belles-Lettres de Dijon.

DÉDIÉ A SON ALTESSE ROYALE MONSIEUR,

Par A. N. F. MAQUART,
Employé au Ministère de la Marine,
Auteur d'un Eloge de M.gr le Duc d'Enghien, également couronné en 1817, par l'Académie de Dijon.

A PARIS,
Chez NOZERAN, Libraire, quai Voltaire, N.° 7;
Et les Libraires du Palais-Royal.

SEPTEMBRE 1820.

A SON ALTESSE ROYALE

MONSIEUR,

COMTE D'ARTOIS.

MONSEIGNEUR,

Un fils digne de vous, un Prince que sa vie privée et son genre de mort font si parfaitement ressembler à Henri IV, mais dont la fin sublime rappelle bien mieux encore les derniers momens de Saint-Louis, un tel Prince n'a pu être loué éloquemment que par les pleurs d'une Nation entière et les regrets de toute l'Europe. En répondant, pour la seconde fois, au noble appel adressé aux cœurs français par une célèbre Académie, pouvais-je donc avoir d'autre motif que de faire une nouvelle profession publique de mon ardent dévouement envers l'auguste maison de Votre Altesse Royale. Si j'avais voulu louer dignement le Héros chrétien, je n'aurais pas tracé le tableau de ses brillantes qualités et de ses éminentes vertus; je n'aurais pas répété avec toute la France qu'il fut généreux, clément, magnanime : qu'il fut adoré..... J'eusse composé son panégyrique de ces trois mots: C'ÉTAIT UN BOURBON.

Je suis avec le plus profond respect,

De Votre Altesse Royale,

Monseigneur,

Le très-humble et très-obéissant serviteur,

A. N. F. MAQUART.

ELOGE

DE

CHARLES-FERDINAND D'ARTOIS,

DUC DE BERRY,

FILS DE FRANCE.

Laudent facta ejus. (PROV. 31. 31.)

Deducant oculi nostri lacrymas. (JÉR. 9. 18.)

APPELÉS, il y a trois ans, dans cette lice qui s'ouvre aujourd'hui de nouveau *, nous avons disputé l'honneur d'attacher une palme funèbre au tombeau du dernier héritier des Condé. Le plus lâche attentat faisait alors le sujet de notre indignation ; une perte irréparable était l'objet de nos regrets : mais cette indignation et ces regrets, affranchis, par le temps, de leur amertume, laissaient librement éclater des senti-

* L'Académie de Dijon avait proposé en 1816, *l'Eloge de M.gr le Duc d'Enghien*, dont elle a décerné le prix en 1817.

mens plus doux. Un sang, fertile en héros, avait été tari dans une de ses plus nobles sources; mais ce sang précieux coulait toujours avec vigueur dans les veines royales; l'auguste famille, dépositaire du bonheur de la France, voyait encore avec orgueil, et sur des degrés plus rapprochés du Trône, des Princes dignes de ses soins et de notre amour; un hymen heureux, gage de notre félicité future, venait de s'accomplir, et ne laissait plus de bornes à nos espérances...... Vanité des vanités! Le meurtre a dit, avec une joie féroce : « *Je briserai ces liens* » et voilà qu'une main parricide, frappant le dernier rejeton de Louis XIV, nous plonge dans un deuil, peut-être éternel, et nous force à reculer d'effroi devant notre avenir. Plus accablés du sort affreux qui menace la Patrie, que soutenus par le fragile espoir qui lui reste, pouvons-nous nous abandonner sans réserve à ces entraînemens, à cet enthousiasme qu'excite l'héroïsme, ou nous élever à ces grandes pensées, seules interprètes des belles actions? Nous demandons des expressions à la douleur, et la douleur, sans voix, nous découvre son visage baigné de larmes; nous demandons des images à l'éloquence, et l'éloquence nous répond, avec Bossuet : *Que la gloire des ames extraordinaires ne peut être* *soutenue que par la seule simplicité d'un récit fidèle* *.

Je ferai donc un récit fidèle. Je vais dire ce que j'ai vu, rappeler ce que j'ai senti, rapporter ce que j'ai entendu touchant la vie et la mort de *Charles-Ferdinand d'Artois*, DUC DE BERRY, Prince de la famille royale de France.

Puisse ma faible voix trouver grâce devant mes juges : puisse du moins cet humble et pur hommage n'être pas dédaigné par celui qui l'inspira. J'ai vu le riche et le pauvre prosternés devant sa tombe, confondre leurs pleurs et leurs prières : remontée au ciel, sa première demeure, l'ame du juste accueillait sans doute leurs voeux avec une égale bonté.

C'était le jour où la dépouille mortelle d'un petit-fils de Henri IV, devait être transportée du palais de ses ancêtres à la dernière demeure des Rois. Saint-Denis avait préparé ses magnificences funèbres; l'airain des temples annonçait au peuple la lugubre cérémonie, tandis que le rappel militaire rassemblait la milice nationale et l'armée. Soldat-citoyen, je réponds au signal ; je revêts à la hâte cet uniforme que

---

* Bossuet, *Oraison funèbre du grand Condé.*

je portais, avec tant de joie, lors de l'entrée du Prince dans la capitale; je prends ces inutiles armes qui n'ont pu le défendre, et je cours vers ce Louvre où se presse une foule éplorée. Là gît le corps de la victime : c'est là aussi que jadis, après avoir été frappé du poignard, fut exposé le grand, le bon Henri. Je me joins à mes compagnons d'armes. Mais c'était peu pour moi de suivre pieusement de saintes reliques, je voulais solenniser mes regrets, et leur élever un monument aussi durable que les vertus du Prince. Jeune et déjà malheureux, puisant mon talent à la source de mes propres infortunes, j'allais sous les voûtes de Saint-Denis, parmi ces nombreux cercueils, chercher des inspirations, comme j'en avais recueillies près d'un tombeau solitaire, dans les remparts de Vincennes.

Un roulement sourd et prolongé annonce le départ, et le cortège franchit le seuil du palais. Une brise légère agite les drapeaux noirs; les troupes marchent en silence, les armes baissées; par intervalles, un seul coup de tambour règle leurs pas.

Tour-à-tour passent devant mes yeux :

Ces cavaliers éprouvés aux combats et aux fatigues, fiers d'obéir au jeune héros qui grava sur leur bannière, *union et oubli*;

Ces chasseurs et ces lanciers que le second Fils de France commandait avec tant d'éclat;

Ces hussards qui reconnaissent pour chef le petit-fils de Penthièvre ;

Ces soldats d'Austerlitz et de la Vendée, réunis désormais par les mêmes sentimens, sous l'étendard de la Garde royale.

J'ai reconnu l'uniforme que portait Condé ; voilà cette redoutable infanterie française dont les baïonnettes imposèrent tant de fois silence aux batteries ennemies.

A la vue d'un guerrier dont l'air abattu contraste avec les nobles cicatrices, la foule a nommé Oudinot, et ce nom glorieux a retenti dans nos rangs.

Après lui, Fitz-James, si digne de porter pour devise : *Toujours et par-tout fidèle*, guide un escadron de dévoués citoyens, tous prêts, dans le péril, à se montrer intrépides soldats.

Ici, je vois les vétérans de l'honneur, mutilés, mais fiers encore; plus loin, une jeunesse brave et studieuse la plus chère espérance de la patrie.

Mais quels saints concerts ! quelle majestueuse harmonie parvient à mon oreille ! C'est la voix imposante des Ministres du Seigneur. Ecoutons :

Custos, quid de nocte? Custos, quid de nocte? (Isaïe, c. 21, v. 11.)	Sentinelle, qu'avez-vous vu cette nuit? Sentinelle, que s'est-il passé?
Dixit custos : (Isaïe, c. 21, v. 12.)	La sentinelle a répondu :
« *Observavit peccator justum.—Evaginavit gladium ut trucidet.* (Ps. 36, v. 12, 14.)	« Le méchant a épié le juste. — Il a tiré son glaive pour frapper.
» *Ingemuerunt omnes qui lætabantur.—Cessavit gaudium tympanorum; conticuit dulcedo citharæ.* (Isaïe, c. 24, v. 7, 8.)	» Ils ont gémi ceux qui se réjouissaient. — Le bruit des instrumens a cessé; la douce mélodie des harpes s'est tue.
» *Justus periit.* » (Isaïe, c. 57, v. 1.	» Le juste a succombé. »

En me retraçant une épouvantable histoire, ces paroles des livres saints redoublent ma douleur : la voix pure des jeunes lévites vient ranimer mes espérances.

Lætamini cum Jerusalem qui lugetis super eam. (Isaïe, c. 66, v. 10.)	Consolez-vous avec Jérusalem, vous qui pleuriez sur elle.
Quia hæc dicit Dominus domui Israël : (Amos, c. 5, v. 4.)	Car voici ce que dit le Seigneur à la maison d'Israël :
« *Egredietur virga de radice, et flos ejus ascendet.* (Isaïe, c. 11, v. 1.)	« De la souche il doit sortir un rejeton; une fleur va s'élever de sa tige.
» *Florebit quasi lilium.* » (Ecclés., c. 39, v. 19.)	» Elle s'épanouira comme un jeune lis. »

Ici, les encensoirs sont légèrement balancés,

l'air est embaumé de parfums. Les voix ensemble reprennent :

Domus Israël speravit in Domino. (Ps. 113, v. 9.)	La maison d'Israël a mis sa confiance dans les promesses du Seigneur.

Les chants ne se font plus entendre, et j'écoute encore, tout rempli que je suis de la parole divine ; mais le mouvement du lugubre cortège a ramené sur la terre mon ame élancée vers les cieux. Dans ces voitures drapées de noir, j'ai vu les dévoués serviteurs du Prince, ceux qu'il chargeait avec tant de confiance, au milieu des combats, de ses ordres périlleux, ou dont il invoquait les conseils dans les affaires difficiles.

J'ai vu le saint Evêque, gardien d'un dépôt sacré, que plus tard, par ordre de l'auguste veuve, il doit confier aux paisibles retraites de Rosny. Le cœur d'un Prince qui connaissait le prix du dévouement, reposera dans la demeure d'un loyal serviteur, d'un ami de Henri IV, tandis que ses entrailles seront portées aux habitans d'une cité fidèle, pour accomplir cette promesse du Béarnais, renouvellée par le Duc de Berry : *Lillois, désormais, entre nous, c'est à la vie et à la mort !*

Le char funèbre s'avance : le cheval de bataille suit tristement le cercueil de son maître.

Enfin, notre troupe prend son rang dans cette marche. Après nous viennent encore différens détachemens, puis une foule d'artisans et d'ouvriers pleurant leur bienfaiteur.

Cependant la pompe guerrière et religieuse se développe sur les rives de la Seine, laissant à sa droite, le monument consacré au meilleur des Rois, par l'amour et la piété d'une grande Nation : après avoir traversé la place où ce Prince, trop populaire, tomba sous le couteau d'un fanatique, elle s'arrête un moment sous l'arc de triomphe élevé à la gloire de Louis XIV. C'est devant ce magnifique témoignage de grandeurs qui ne sont plus, que passèrent, il y a quatre ans, deux nouveaux époux accompagnés d'une cour brillante. Ivres d'amour et de plaisir, ils répondaient, par leurs regards animés, aux acclamations universelles. Pouvait-on alors penser que le char funéraire succéderait si tôt au char de l'hymen, et qu'un chemin parsemé de fleurs, serait si promptement arrosé de larmes.

Bientôt apparaissent les clochers de Saint-Denis : de leurs flèches ébranlées, s'élancent et se répandent, dans les airs, les sons des funérailles. Une foule immense accourue de toutes parts, borde les rangs du cortège. J'aperçois alors un vieillard courbé, et qui marchait avec peine ; il portait l'habit des anciens militaires et la décoration récompense des longs services. Je m'empressai de lui offrir mon aide : mon action le toucha. « *Il est*, me dit-il, *digne d'un » jeune volontaire de la garde-citoyenne, de » soutenir les pas chancelans d'un vieux sol» dat de l'armée de Condé.* » Ce nom de Condé fit battre mon cœur ; j'osai interroger le vieillard, et j'appris qu'après avoir long-temps combattu pour la cause royale, aux côtés du Duc de Berry, il n'avait revu sa patrie qu'avec ce Prince auquel il devait toute son existence. Instruit du dessein où j'étais de célébrer une mémoire si chère, le guerrier ne se contente pas de m'encourager, il promet de me confier sur la vie de son bienfaiteur, des souvenirs précieux : « *Souvenirs*, ajoute-t-il, *maintenant » ma seule et dernière consolation.* »

Le cortège s'arrêta aux portes de l'église, et fit une halte. Pendant que les troupes forment les armes en faisceaux, je conduis le vieux guerrier, non loin de la basilique, dans un lieu ombragé de quelques cyprès. Là, avait été marquée la dernière des stations de Philippe III, Roi de France, lorsqu'il porta sur ses épaules, de Notre-Dame à Saint-Denis, les ossemens de Saint-Louis, son père, enlevés d'une terre infidèle. Nous nous assîmes sur la pierre où le fils du Saint Roi s'était reposé, et supplié par moi d'accomplir sa promesse, le soldat de Condé commença ainsi :

« J'ai vu sourire à sa naissance, celui qui fait maintenant le sujet de nos larmes *; j'ai vu la joie de sa famille, et celle de tout un peuple. La France jouissait alors des derniers momens de son bonheur : la Cour jetait aussi son dernier éclat. La religion et la bienfaisance veillant, pour ainsi dire, au berceau du Duc de Berry, avaient guidé les premiers pas du Royal enfant : la sagesse et l'instruction allaient lui ouvrir la vaste carrière du monde. Un homme du plus rare mérite, M. de Sérent, fut choisi pour diriger cette éducation. Il était déja chargé d'élever M. le Duc d'Angoulême, plus âgé de deux
1786. ans que son frère. Cet habile gouverneur se retira avec ses élèves, loin du monde et de la cour, dans la retraite de Beauregard, et si cette solitude et ce recueillement ne gênèrent en rien l'heureux essor des aimables qualités du Prince que nous avons perdu, ils donnèrent au Prince qui reste notre espoir, l'habitude de ces hautes pensées, de ces profondes médita-

* Le Duc de Berry naquit à Versailles, le 24 janvier 1778.

tions qui, dans la vie privée, font les philosophes, et sur le trône les grands Rois.

« Mais l'enfance des deux Princes s'écoule avec les plaisirs et le bonheur de leur âge; l'histoire des grands hommes de leur pays vient réveiller en eux l'amour de la gloire. C'est l'image de la guerre qu'ils cherchent dans leurs jeux. Il semble qu'un secret instinct les avertisse qu'ils doivent passer leur vie dans le tumulte et dans les camps.

« La révolution éclata. Les Princes s'éloi- Juillet 1789.
gnèrent et je les suivis. Les deux frères pleuraient en quittant la France. Arrivés à Turin, M. de Sérent leur fit reprendre des études qu'il dirigea plus spécialement vers l'art de la guerre. Pour procurer à ses élèves un délassement analogue à leur vocation, il les faisait assister aux évolutions et aux grandes manœuvres des troupes que le Roi de Sardaigne venait de rassembler.

« A ces jeux guerriers succédèrent bientôt de véritables combats. La campagne de 1792 s'ouvrit. Le Duc de Berry avait alors treize ans, et venait d'adresser à M. le Comte d'Artois, une lettre telle que l'aurait écrite Henri IV enfant, demandant à faire ses premières armes. Cette lettre lui valut la permission de continuer dans les camps son éducation militaire : rude et

sévère apprentissage, car l'armée Royale ne fut
21 Janvier 1793. point heureuse. Une épouvantable catastrophe
mit le comble aux malheurs de la campagne :
la plus ancienne monarchie du monde s'écroula,
et de ses débris, il ne resta qu'un testament de
mort, qui devait être un jour pour la France un
signe de rédemption. Comme les premiers chrétiens, les royalistes confessèrent leur foi au milieu des supplices; d'augustes martyrs leur avaient montré le chemin de l'échafaud, devenu pour lors une école de bien-mourir. Chaque jour nous avions à gémir sur de nouveaux forfaits, nous avions à admirer de nouvelles vertus. Cependant le jeune Duc, condamné à l'inaction dans le château de Ham, apprend les merveilles de Weissembourg et de
Juin 1794. Bertsheim, et la gloire des trois Condé. Craignant déjà que les lauriers ne manquent à son courage, il sollicite avec instance, il obtient enfin de partager de si nobles périls, et rejoint à l'armée le Duc d'Enghien, dont il voulait devenir l'émule. Une vive amitié unit aussitôt les deux Princes; leurs belles ames étaient dignes l'une de l'autre, et M. le Prince de Condé acquit un fils de plus.

1795 et 1796. « La campagne fut mêlée de succès et de revers; mais la véritable valeur trouve à s'illustrer et dans les revers et dans les succès. Le

Duc de Berry, suivant sa maxime favorite, prouvait en chaque occasion, *qu'un Fils de France vole au-devant de la gloire sans l'attendre*. A ceux qui lui représentaient que la vie d'un Prince de la famille Royale devait être épargnée, il répondait que *pour l'honneur du corps, il fallait qu'un membre de cette famille se fit tuer les armes à la main*. A dix-sept ans, ces idées chevaleresques étaient excusables; elles n'empêchaient pas d'ailleurs le Prince de se soumettre à la discipline, et de montrer déjà ce qu'il pouvait devenir un jour.

« Au milieu des vicissitudes de la guerre, la désunion commence à s'emparer des armées coalisées. Le Duc de Berry et le Duc d'Enghien gémissent vainement de cette mésintelligence; fuyant le tourbillon des intrigues politiques, ils se réfugient, pour ainsi dire, dans la gloire d'un ennemi qu'ils combattent à regret. Tout Français, sans distinction de parti, est l'objet de leur bienfaisance et de leur humanité. Souvent, on les voit prêter une oreille attentive au récit d'un prisonnier, applaudir à des triomphes qui leur fermaient le chemin d'une patrie unique objet de leurs vœux, et dont ils étaient si durement repoussés. Que de fois assis sur les bords du Rhin, les yeux attachés sur l'autre rive, n'ont-ils pas versé des larmes comme ces Hébreux exilés. Ils savaient que leur pays n'avait plus pour eux d'asile ; mais ce pays s'appelait la France : ils ne demandaient qu'à mourir sur son sol, pour être au moins couverts de la terre de la patrie.

« En 1797, le Duc de Berry assista au siège de Kell. C'est là que le général Marceau trouva la mort à 19 ans : Kell se rendit ; mais ce succès fut balancé par de grandes pertes, et le Prince Charles d'Autriche séduit, comme tant d'autres, par le prestige qui s'attachait au nom français, consentit à un armistice, prélude de la paix de *Campo-Formio*. L'armée de Condé accepta du service auprès du Czar, afin de se rapprocher du Roi Louis XVIII, alors retiré en Russie. Avant le départ, le Duc de Berry reçut une lettre de sa Majesté qui lui ordonnait de témoigner à l'armée sa satisfaction royale. La lettre fut lue à l'ordre du jour. On ajouta quelques rubans, on acccorda quelques grades honorifiques : le Monarque ne pouvait rien de plus ; chacun fut satisfait, et nous prîmes gaîment à travers l'Allemagne, la route de Wolhinie, emportant dans un havre-sac nos Dieux pénates et tous nos biens.

« Le Prince rejoignit quelque temps après le Roi à Blackembourg, où il lui fut permis de faire à cœur ouvert, l'éloge de ses compagnons d'armes. Il y mit cette vivacité, ce feu qui lui étaient naturels. « *Mon neveu*, lui dit le Roi, » *vous oubliez de me parler d'un brave officier,* » *vous ne me dites rien du Duc de Berry :* » et le Duc se jeta dans les bras que lui tendait le Monarque.

« Chargé en l'absence de son frère, du commandement des Chasseurs nobles, le Duc de Berry sut maintenir dans ce corps une sévère discipline dont il était lui-même le plus rigoureux observateur. Vif, quelquefois même au-delà des bornes, il réparait ses torts avec tant de grandeur d'ame ; en toute autre occasion, il se montrait si généreux et si doux, qu'il était impossible de garder envers lui le moindre ressentiment. 1798.

« En 1799, l'armée de Wolhinie fut dirigée sur Constance. Jeux bizarres de la fortune ! singuliers spectacles ! Un des héritiers de Robert-le-Fort traversait les forêts de l'Allemagne, à la tête des descendans des d'Armagnac, des Montmorency, des Bouillon, des La Trémoille, pour replacer sa dynastie sur le trône des Francs, pendant qu'un autre héritier de Robert, unissant ses malheurs aux infortunes de la fille des Césars, renouait en Courlande les liens de cette même dynastie. C'était à six cents lieues de Versailles, que les enfans de Louis XIV, ne possédant plus que leurs nobles cœurs, venaient se jurer une mutuelle foi, et comme deux lys penchés par l'orage, se prêter un mutuel appui.

« Après avoir défendu Constance, l'armée de Condé, forcée de céder au nombre, s'était repliée en bon ordre. Il survint une trève, durant laquelle le Duc de Berry obtint la permission de se rendre à Clagenfurt, auprès de son auguste mère. Madame la Comtesse d'Artois goûta une joie bien pure en revoyant un fils si digne de son amour. Elle découvrait en lui mille nouvelles qualités ; elle s'étonnait toujours qu'un Prince qui passait sa jeunesse au milieu des armées et dans les voyages, et dont par fois le caractère n'était pas exempt de mouvemens impétueux, eût cependant acquis tant de douceur et de grâce, et n'eût rien perdu de cette délicate galanterie qui ne se cultive que dans l'habitude continuelle des Cours. Madame fut sur-tout charmée de voir que le Prince avait conservé la même franchise et la même rectitude de cœur, dons naturels que cette Princesse judicieuse préférait aux plus aimables qualités. Obligé bientôt de s'arracher à ses tendres soins, le Duc de Berry partit pour Naples ; il passa ensuite à Rome, cet éternel rendezvous de toutes les célébrités, où les jeunes talens viennent puiser le génie, où viennent aussi soupirer les grandes infortunes. Ce Prince enthousiaste des arts, eut à peine le temps de satisfaire son ardente curiosité. Tandis qu'il visitait les tombeaux des Scipions, il apprend que les hostilités sont recommencées : aussitôt il écrit au Duc d'Angoulême, chargé du commandement d'un corps à l'armée de Condé, qu'il veut servir sous ses ordres, comme simple volontaire, et, le lendemain, il s'éloigne rapidement de Rome où il laissait tant de regrets.

« Le Duc de Berry donne lui-même, dans une lettre qui m'a été communiquée, les motifs d'un si prompt départ. « La noblesse fidèle,
« écrivait-il, avec laquelle j'ai fait huit campa-
« gnes, n'avait jamais vu tirer un coup de fusil
« que je ne fusse à sa tête; au moment où mon
« frère venait de la joindre, il me mandait :
« *Nous attaquons le* 15 *septembre*, et le
« 15 septembre j'étais arrivé. »

« Comme toutes les précédentes, la campagne, mal combinée par les alliés, ne fut pour les troupes républicaines qu'une suite de triomphes, depuis la victoire de Marengo, achetée par la mort de Desaix, jusqu'à celle de Hohenlinden, illustrée par le nom de Moreau. L'armée autrichienne croyait remédier à ses 1800.

défaites par des armistices, et le corps de Condé, obligé sans cesse de réparer des fautes ou de protéger des retraites, prodiguait inutilement son courage. Fort de 10,000 hommes à son départ de Russie, il ne comptait plus alors que 3,000 combattans.

1801. « Pour couronner cette suite d'opérations extravagantes, le cabinet de Vienne signa le traité de Lunéville. On licencia l'armée de Condé. Des hommes qui, depuis dix ans, partageaient le même pain, les mêmes périls et les mêmes privations, qui couchaient sous la même tente, et qui n'aspiraient qu'au même genre de mort et à la même tombe, reçurent ordre de se séparer. Ils obéirent. Rentrés en France, la plupart reprirent du service; heureux de n'avoir plus à combattre des Français, ils se précipitèrent avec plus d'ardeur encore au milieu des dangers. Pour nous, étroitement attachés à la mauvaise fortune de nos maîtres, nous jurâmes de suivre par-tout leurs pas, et de partager constamment leur exil.

« Les Bourbons acceptèrent l'asyle que leur offrait l'Angleterre. Le Duc d'Enghien seul resta sur les bords du Rhin, pour ne point perdre de vue la terre natale. « Mon fils, lui « écrivait son père, que faites-vous si près de « votre ennemi; au nom de Dieu, éloignez-

« vous. » Le jeune Condé, trop magnanime
pour être défiant, différait de se rendre à ces
invitations réitérées. Tout-à-coup un bruit
court à Londres que le Duc d'Enghien, arraché
de sa retraite, vient d'être conduit en France.
Ce bruit, tout incertain qu'il paraît, nous
glace cependant d'effroi. On fait partir des émis-
saires; déjà l'on cherche les moyens de délivrer
l'illustre prisonnier. Il n'était plus temps. La
vérité, l'affreuse vérité fut connue le len- 1804.
demain.

« Au reste, il n'avait pas dépendu du meur-
trier du Duc d'Enghien, que le sort des deux
frères d'armes ne fût exactement semblable.
Trompé par des avis perfides, le Duc de Berry
devait descendre sur les côtes de Bretagne, où
il pensait être attendu par un grand nombre de
royalistes. Il mandait à M. de la Ferronnaye;
« Puisque les royalistes se décident à repren-
« dre les armes, je combattrai à leur tête, et
« mon sang versé au champ d'honneur, rappel-
« lera du moins à la France qu'il existe des
« Bourbons; mon vieux Nantouillet et toi,
« mon ami, vous partagerez mon sort. » Le
Prince allait se perdre lorsqu'il fut averti.
Mais M. Armand de Châteaubriand *, chargé 1809.

* Parent de M. le Vicomte de Châteaubriand.

des ordres du Roi, fut malheureusement arrêté en Normandie, et fusillé quelque temps après.

« Une victime abusée n'a souvent d'autre ressource que de partager le sort de son corrupteur; ainsi la France s'enchaîna aux destinées de celui qui l'avait séduite. Au faîte de la gloire, elle oublia sa servitude; mais le malheur allait éprouver cet enfant ingrat, et lui faire sentir le besoin de se jeter dans le sein d'un père. Profitant enfin des fautes de leur ennemi et d'un regard de la victoire, les nations de l'Europe débordent, comme un torrent, sur nos belles contrées. La France était perdue : la légitimité la sauva. Quelle est donc cette inconcevable puissance? Des armées avides, innombrables, se sont emparées du plus riche royaume de la terre; elles ont à venger des injures, à exercer des représailles : il leur faut du butin et du sang...... Un homme, vieilli dans l'exil, se présente; c'est le successeur d'un Monarque enfant : il réclame ses droits. Aussitôt les épées, prêtes à frapper, rentrent dans le fourreau; deux cents mille prisonniers sont rendus sans rançon; une couronne qu'on allait briser est placée sur la tête du sage libérateur que tout un peuple salue Roi.

1814. « La France revit enfin ses Bourbons. Le Comte d'Artois traversait la Franche-Comté, sans autre garde que la fidélité de ses habitans. Le Duc d'Angoulême, reçu avec transport dans Bordeaux, ville qui la première avait secoué le joug, s'avançait au milieu d'une population affamée de le voir ; la famille d'Orléans arrivait en Provence, avec une Princesse de Sicile. LOUIS-LE-DÉSIRÉ, ramenant avec lui la fille de Louis XVI, et ce qui restait de la race des Condé, prenait à Calais possession de son royaume. Enfin, le Duc de Berry entrait dans le port de Cherbourg. *France ! France !* s'écrie-t-il en mettant le pied sur la terre natale. C'était le cri du cœur : c'est le seul qu'il put prononcer. »

Ici, le vieux guerrier suspendit son récit. Cependant sa voix avait été entendue, et le nom du Prince, prononcé souvent avec enthousiasme, avait attiré l'attention. On s'approcha : bientôt un cercle fut formé autour de nous. Après un moment de repos, le soldat de Condé reprit sa narration d'une voix plus élevée.

« De Cherbourg à Paris, le voyage du Duc de Berry fut un véritable triomphe. Touché de tant d'amour, le Prince répétait sans cesse : « *J'en mourrai de joie.* » Le voyant pour la première fois entouré d'une si grande affluence, les personnes de sa suite avaient peine à dissimuler leurs craintes : « *Soyez tranquilles*, di-

« sait le Duc, *je puis trouver des ennemis parmi* « *les Français, mais jamais un assassin.* » Partout sur son passage, il laisse pour souvenirs ou des bonnes actions, ou des mots charmans qui partent du cœur ou qui vont au cœur. A Caen, il fait mettre en liberté trois cents malheureux conscrits; à Bayeux, il entend un enfant crier au milieu de la foule, et se plaindre de la perte d'un de ses sabots : « *Messieurs*, » dit le Duc avec une bonhomie qui rappelait celle du Béarnais, « *cherchons le sabot de* « *ce pauvre enfant, il ne faut pas que ma pré-* « *sence donne ici le moindre sujet d'affliction ;* » et la chaussure rustique est retrouvée. Une mémoire heureuse rappelle au Prince, et toujours à propos, ou les blessures de ses vieux compagnons d'armes, ou le dévouement de ses anciens serviteurs. Il suffit de le voir pour l'aimer. C'est ainsi que son air brave et ses manières franches changèrent, en peu d'heures, l'esprit du premier régiment qu'il rencontra sur sa route. Il revit enfin le palais de ses ancêtres, où M. le Comte d'Artois l'attendait, et ne quitta les bras paternels que pour presser sur son sein les Maréchaux de France, prouvant par là qu'il plaçait l'amour de la gloire à côté des plus tendres sentimens.

« Après vingt-deux ans de guerres successives, la France va goûter les douceurs de la paix. Les partis ont paru se rallier autour du Souverain légitime ; une Charte, œuvre des longues méditations du Monarque, assure les droits de tous, et proclame de bonne-foi des libertés dont jusqu'alors on n'a possédé que les vaines images ; mais à peine les Bourbons ont-ils le temps de calculer le nombre des infortunes qu'ils sont venus réparer ou adoucir, à peine ont-ils commencé d'exercer, suivant l'heureuse expression du Duc de Berry, *leur droit le plus cher, celui de nous rendre heureux*, que le trône de Saint-Louis est ébranlé une seconde fois.

« Tandis que le Duc d'Angoulême, montrant dans le Midi le panache blanc de Henri IV, guidait encore quelques soldats français au chemin de l'honneur, et que la petite-fille de Marie-Thérèse essayait, dans les murs de Bordeaux, de ranimer le feu mourant de la fidélité, leur digne frère, désespéré de ne pouvoir mourir en sauvant la patrie, recevait l'ordre de marcher à la tête de la Maison du Roi, et de protéger sa retraite. Grand dans le malheur, imposant aux rebelles par son courage, consolant les malheureux par sa résignation, pardonnant à des factieux qu'il pouvait écraser, et respecté encore au milieu de la révolte, il passa la frontière.

1815. « La puissance orgueilleuse trouva son tombeau non loin des plaines de Fleurus, où le courage avait triomphé vingt-un ans auparavant. Il ne restait plus que les victimes d'un héroïsme digne sans doute d'une meilleure cause, et le Duc de Berry ne cessa de gémir sur leur destin que pour voler à leur secours. Le Prince ne prend aucun repos qu'il n'ait vu soulager la plus grande partie des blessés ; il est par-tout, par-tout il donne l'exemple de l'humanité.

« *En voici la preuve*, dit alors un vieux grenadier dont le visage basané et le triple chevron annonçaient les services : « *Voyez* « *le mouchoir dont il enveloppa ma blessure à* « *Mont-Saint-Jean ; il est là*, ajoute-t-il en « découvrant sa poitrine sillonnée de cicatri- « ces ; *je le porterai toujours, et je le défendrai* « *jusqu'au dernier soupir, comme je défendais* « *mon drapeau.* » . . . .

L'accent de ce brave soldat redoubla l'émotion des auditeurs ; le guerrier de Condé le regardant d'un air attendri, continua : . . . .

« Rentré en France, le Duc de Berry voulut ignorer tout ce que ses ennemis avaient fait pour lui aliéner le cœur des militaires qu'il aimait de prédilection. Il opposa le silence à la calomnie, et retourna avec joie aux occupations chéries de sa retraite. Dans cette retraite, il songeait à consolider notre repos en assurant son bonheur. Une Princesse de Sicile fut choisie pour en être le double gage. Cette Princesse, élevée aussi à l'école de l'adversité, issue de Henri IV, au même degré que le Prince qu'elle allait recevoir pour époux, partageait son penchant à la bienfaisance. On sut qu'à son départ de Palerme, la jeune fiancée avait fondé une institution pour l'éducation des orphelines, et distribué d'immenses secours; que pendant son séjour à Naples, les mêmes bienfaits avaient été répandus. Ce fut le seul plaisir qu'elle se permit de goûter au milieu des fêtes somptueuses d'un mariage qui devait l'éloigner des objets de ses premières affections. La nouvelle Duchesse de Berry s'arrache enfin, avec douleur, des bras d'une tendre famille; elle quitte Naples et aborde aux côtes de Provence : c'est là que s'exhale le dernier soupir pour sa patrie : « *Parlez-moi français*, » dit-elle avec une grâce charmante au Duc d'Havré qui la recevait sur le rivage, « *parlez-moi français, je ne sais* « *plus d'autre langue.* »

« Aux fêtes et aux témoignages d'amour et de 1816.
respect qui firent éprouver aux deux époux des émotions si bien partagées, succédèrent des plaisirs moins éclatans mais aussi doux. C'est à l'Élisée Bourbon que l'aimable couple trouva le

vrai bonheur. Modeste et naïve dans ses amusemens comme dans ses goûts, la jeune Duchesse aimait à se livrer à des jeux et à des exercices, doux souvenirs de ses premières années et de sa première patrie. Le Duc de Berry redevenait enfant pour lui plaire, et l'entourant de soins et de prévenances, s'associait à sa simplicité, comme il s'était uni à sa vertu.

« Adorés dans leur intérieur, tous deux étaient chéris au dehors; aussi que d'occasions pour eux de faire le bien. Arrivait-il quelque malheur, survenait-il un fléau, le lendemain tout était réparé comme par une main céleste; le bienfait ne se faisait jamais attendre, et prévenait souvent la demande. Quelquefois sans suite, ces heureux époux assistaient dans les campagnes à une cérémonie religieuse, à une bénédiction nuptiale, au couronnement d'une Rosière, et se mêlaient aux danses et aux jeux du village. Echappant aux respects, ils jouissaient ainsi du plaisir de surprendre et de conquérir les cœurs.

« L'ordre le plus admirable régnait dans la maison de l'Élisée : le Prince trouvait d'immenses ressources dans l'économie, qu'il appelait le discernement de la bienfaisance. Il écrivait un jour à M. Despallières, Consul de France à Anvers, qui l'avertissait de la vente d'une très-belle collection de tableaux : « Dans un temps où les

« pauvres réclament ma sollicitude, je me re-
« procherais d'acheter si cher un plaisir dont
« je puis me passer. »

« Le Duc de Berry consacrait des sommes considérables aux besoins de la Société Philantropique ; il se plaisait à en présider les assemblées. Depuis la mort de son protecteur, cette Société a laissé vide et couvert d'un crêpe, le fauteuil où le prince venait siéger au milieu d'elle.

« Le Duc cultivait, au surplus, toutes les branches de bienfaisance. Il récompensait magnifiquement les gens de lettres et les artistes, et leur adressait sur-tout de ces paroles flatteuses auxquelles ils attachent tant de prix ; il visitait les manufactures autant pour honorer l'industrie que pour la secourir ; lorsque, par une intrépidité mise souvent à l'épreuve, il n'avait pu préserver de malheureux incendiés de la perte de leurs biens, il faisait tout ce qui dépendait de lui pour réparer leur désastre, et son exemple excitait la libéralité publique. Il ne se bornait pas à vouloir être exactement informé, il voyait par ses propres yeux. Il parcourait à pied, et en tous sens, cette capitale qui réunit tant de luxe et de misère ; et il était rare que le Prince rentrât dans son palais sans avoir fait une bonne action. Delà, cette foule prodigieuse qui s'est trouvée au passage du convoi, et ce cortège touchant de charbonniers qui l'a suivi jusqu'ici dans un pieux recueillement. Le Prince avait sauvé un de leurs camarades; ces hommes pauvres, mais bons, s'en sont souvenus; ils ont quitté spontanément leurs travaux, pour payer au Prince un juste tribut de gratitude.

« La reconnaissance avait aussi, de droit, une place parmi les vertus de M. le Duc de Berry. Le premier soin du Prince, en arrivant de la terre d'exil, fut, de concert avec son frère, d'élever un monument à la mémoire de l'abbé Guénée leur précepteur. Il conservait à M. de Sérent, son ancien Gouverneur, toute l'amitié d'un fils. Il avait la plus grande vénération pour M. le Prince de Condé, son maître dans l'art de la guerre. Par un testament fait en Angleterre, le héros de Bertsheim avait légué ses compagnons d'armes à son cher élève. Le Prince de Condé mourut, et le Duc de Berry le remplaca dans la présidence de l'association paternelle des chevaliers de Saint-Louis; il nous dit à cette occasion: « *Messieurs, nous avons perdu notre vieux* « *drapeau blanc.* » Pensée profonde, qu'il voulut cacher sous la forme d'un mot ingénieux.

« Quel bon Prince! mais quel excellent père!

1819. « *Ne vous désolez point*, dit-il à Madame la Duchesse de Berry, qui, à l'occasion de la naissance de Mademoiselle, se plaignait de n'avoir pas donné le jour à un prince, « *Ne vous désolez point : si c'était un garçon, les méchans supposeraient qu'il n'est point à nous, tandis que personne ne nous disputera cette chère petite fille.* »

« Le Béarnais eut ainsi parlé.

« Rien ne manquait au Duc de Berry pour ressembler à son ayeul, pas même un Ravaillac.

« Comme Henri IV, le Prince eut des pressentimens de sa fin tragique : il en parlait souvent ; on le conjurait de permettre qu'on veillât davantage à sa sûreté ; il répondait : « *Que voulez vous que je fasse. Si quelqu'un a fait le sacrifice de sa vie pour avoir la mienne, il parviendra à exécuter son projet un jour ou l'autre, malgré toutes mes précautions. Dans le cas contraire, je me serai rendu malheureux inutilement.* »

« Il n'y a pas long-temps que, chassant dans le bois de Meudon, le Duc de Berry s'apprêtait à tirer une pièce de gibier, réfugiée derrière un épais feuillage, quand tout à coup il vit sortir un homme à figure sinistre : « *Malheureux !* « s'écrie le Duc, *que faisiez vous-là ?... j'aurais pu vous tuer !* » L'homme avait la main cachée dans son sein, il regarda le Prince avec hésitation, vit accourir d'autres chasseurs, et disparut dans le bois.

« Quel était cet homme? On l'ignore. Cependant le Ravaillac moderne a déclaré qu'il suivait le Prince à toutes les chasses; étrange rapprochement! le monstre épiait sans doute une occasion que, chaque fois, sa faiblesse l'empêchait de saisir après l'avoir rencontrée. Il remettait donc au lendemain l'accomplissement de son infernal projet, et pendant les intervalles de ces vaines tentatives, se nourrissant du poison des doctrines régicides, il s'exaltait la tête, et cherchait à se donner ce courage d'un moment qui lui manquait pour l'exécution. Représentez-vous cet homme occupant ses longues insomnies par d'affreuses lectures. L'apologie du crime excite son horrible sourire; il se lève et marche à grands pas. D'une main tenant le libelle, de l'autre il a saisi le poignard : il s'exerce à frapper. Mais le jour fatal l'a surpris dans ce délire frénétique.... et

1820. ce jour est le 13 février!!!

« C'était une époque consacrée par l'usage à la joie et aux plaisirs : le Duc de Berry commença la journée par une bonne action; « *Cela « porte bonheur,* » répétait-il d'un air content. On avait remarqué que le Prince attachait, à plusieurs reprises, avec attendrissement, les yeux sur son épouse : on ignorait alors une heureuse circonstance qui fut révélée plus tard. Le soir, les deux époux se rendirent à l'Opéra. L'assassin, déjà à son poste, n'ayant pas le temps de consommer son crime, entend donner l'ordre de venir reprendre le Prince à onze heures, et se retire. Il était huit heures, le monstre avait encore, pour se repentir, trois heures qu'il emploie à se fortifier dans son exécrable dessein. A onze heures, au moment où le Duc de Berry, après avoir reconduit son épouse à sa voiture, se retournait pour rentrer dans la salle, l'assassin se précipite sur lui et lui enfonce, tout entier, un poignard dans la poitrine. Le Duc s'écrie, retire le fer, et tombe. Madame la Duchesse éperdue s'est élancée de sa voiture : elle soutient son époux mourant qui, sur-le-champ, demande un prêtre. « *Venez, ma femme*, ajoute-t-il, *ve-* « *nez que je meure dans vos bras.* » J'apprends l'affreuse nouvelle, et je vole au lieu de l'évènement. Monsieur venait d'arriver *; son malheureux fils était placé sur un lit dressé à

* S. A. R. était accompagnée de M. le Duc de Maillé, qui, pour suivre son Prince à tout prix, s'était élancé derrière sa voiture : trait de dévouement qu'un illustre écrivain a caractérisé de la manière la plus juste et la plus heureuse, en disant que le noble Duc *sut faire la place de l'honneur de la place la moins honorée.*

la hâte. Au chevet du Prince, une jeune femme, en habits de fête et couverte de sang, observait avec anxiété ses moindres mouvemens; il y avait dans ses yeux un feu qui pénétrait; sa voix imposante, son air et son attitude me laissèrent un moment douter si c'était Madame la Duchesse de Berry que je voyais devant moi. Le bandeau qui retenait ses cheveux, la ceinture qui serrait sa taille avaient servi, à défaut de bandelettes, à contenir l'appareil mis sur l'horrible blessure. Je ne vous retracerai ni la douleur d'un père, ni la douleur d'une épouse. M. le Duc d'Angoulême tenait la main de son frère et l'encourageait en soldat et en chrétien. Madame la Duchesse d'Angoulême accoutumée à souffrir et à ne rien craindre, attachait cependant tour à tour avec douleur, avec effroi, les yeux sur son frère et sur son époux, comme si elle eût prévu que le mal était sans remède, comme si elle eût redouté qu'un second coup ne vînt mettre le comble à ses infortunes. Madame la Duchesse d'Orléans, oubliant sa famille et son propre bonheur, se désolait sur la destinée de sa nièce; M. le Duc de Bourbon, que rien n'attachait plus à la terre, se demandait pourquoi la mort avait choisi cette jeune victime que tant de liens y retenaient. Toute la cour, dans la consternation, assistait à cet affreux spectacle : de minute en minute, on interrogeait les hommes de l'art dont le découragement devenait visible. L'un d'eux * a sucé la plaie : « *Que faites-vous, mon* « *ami*, dit le Prince, *le poignard était peut-être* « *empoisonné.* » Malgré le soulagement momentané que procure ce zèle généreux, il survient un état plus alarmant. Sur les deux heures, une opération douloureuse, jugée nécessaire par le célèbre Dupuytren, est proposée au Prince qui s'y soumet. On veut éloigner la Princesse : « *Ne me repoussez pas*, s'écrie-t- « elle, *employez-moi ; je vous promets d'être* « *courageuse*, » et elle saisit le bras de son époux. Un seul instant, elle sent ce bras céder à l'impulsion de la douleur, et tout près de lui échapper : elle le retient avec plus de force, et d'un accent impossible à rendre : « *Charles ! Char-* « *les ! c'est pour vous soulager ; si vous m'ai-* « *mez, vous souffrirez pour moi.* » Le Prince se résigne, et surmontant le mal, ne paraît plus occupé que de la cruelle position de son épouse. Il la conjure de se retirer, elle résiste. Il laisse alors entendre ces mots : « *Ménagez-* « *vous, ma chère Caroline, songez à l'enfant* « *que vous portez dans votre sein.* »

* Le docteur Bougon.

« A cette voix mourante, interprète de la vie, la Duchesse s'anime et pâlit aussitôt. Sans doute elle a senti tressaillir dans ses entrailles l'espoir de la patrie ; un sentiment d'étonnement mêlé d'admiration et de douleur, se peint un moment sur tous les visages. Mais l'opération s'achève ; elle ne retarde la mort que pour la rendre plus cruelle. Le blessé a la conscience de son état. Il répète sans cesse à ceux qui l'entourent : « *Je suis touché de vos soins, mais* » *ma blessure est mortelle : je le sens, elle va au* » *cœur.* » Il prie l'Évêque de Chartres de recevoir sa confession, et il fait publiquement l'aveu de ses fautes. Que l'homme est grand quand il s'humilie devant Dieu ! Quelle ame mondaine n'a été convertie par cet exemple ? Quelle ame pieuse n'en a pas été édifiée, et cependant le martyr doute encore de son salut. On amène Mademoiselle : son père étend sur elle ses mains défaillantes : « *Puisse-tu, chère enfant, être* « *plus heureuse que ceux de ta famille.* »

« Le Prince apprend que son assassin est arrêté : « *Je l'avais peut-être offensé ! — Non,* « *non, mon fils*, répond M. le Comte d'Artois, « *cet homme n'avait contre vous aucun motif* « *personnel. — C'est donc un insensé ?* » ajoute le Duc. Puis un moment après : « *Que je vou-* « *drais voir le Roi pour lui demander la grace*

« *de l'homme....promettez-moi, mon père, mon* « *frère, promettez-moi, de demander au moins* « *la grâce de la vie.* »

« En voyant l'affliction des généraux, il exprime le regret de n'avoir pu verser son sang pour la patrie, au milieu d'eux, et surtout de mourir de la main d'un français. Il se montre vivement impatient de voir le Roi. Il répète plusieurs fois d'une voix affaiblie. « *Aurai-je* « *le temps de lui demander la grâce*, » et cette idée paraît le dominer entièrement.

« A cinq heures du matin, les douleurs augmentent; le Prince pressent qu'elles vont redoubler et priver son ame de ses facultés. Il se hâte d'en faire un dernier usage. Il adresse à sa famille les adieux les plus déchirans; il recommande à son père et à M. le Duc d'Angoulême, les personnes attachées au service de sa maison et celles qu'il honorait de son amitié; il nous cherche des yeux. Il nommait souvent M. de Nantouillet, qui, debout, immobile, était comme anéanti par son désespoir. « *Viens, mon vieil* « *ami*, lui disait-il, *viens que je t'embrasse encore* « *une fois.* » Le Roi arrive pour présider cette assemblée de douleurs. Du plus loin que le mourant aperçoit le Monarque, « *Grâce! grâce!* s'é- « crie-t-il, *pour la vie de l'homme.* » — « *Mon fils,* « lui répond SA MAJESTÉ, *nous songerons à cette*

« *demande lorsque vous serez mieux.»* — « *Le* « *Roi ne dit pas oui*, ajoute tristement le « Prince..... *La grace de la vie de l'homme eût* « *pourtant adouci l'amertume de mes derniers* « *momens.* » Sa voix maîtrisée par la douleur, ne se fit plus entendre que par intervalles. Nous recueillîmes ces mots entrecoupés : « *Ah !... du* « *moins si... j'emportais l'idée..... que le sang* « *d'un homme.... ne coulera pas à mon sujet....* « *après ma mort.* » Puis sa bouche murmura quelques paroles dont le sens fut perdu pour nous.

« Cependant tout le monde est à genoux; le Roi seul est debout, et pleure........ On a lu sur le visage des médecins l'annonce du fatal moment. Il est six heures et demie : encore quelques minutes!.... On cherche à entraîner l'épouse dont le veuvage approche. Elle s'arrache des bras qui la retiennent, et se précipite sur son époux mourant. Alors il règne une sorte de confusion; on se trouble, on se presse, on entoure le héros chétien. Ici tout devient sublime! Le lit de douleurs rayonne tout-à-coup des clartés de la foi ; les yeux du martyr sont levés avec ferveur vers le ciel qui va s'ouvrir pour lui. Ses premières pensées ont été des pensées d'humilité et de repentir ; ses dernières paroles sont des paroles de résignation et de miséricorde. Il n'en tend, il ne voit plus que Dieu. Mais l'expression de la souffrance a disparu de son visage, ses traits ont repris leur sérénité : c'est comme un doux sommeil. Le Roi s'approche et ferme les paupières du Prince. « *Cher enfant,* « *dors en paix*, dit le Monarque. *Tout était* « *fini.* »

Le vieux guerrier cessa de parler, et cachant sa tête dans ses mains, il fondit en larmes. A son discours succède d'abord un silence entrecoupé de sanglots; puis il s'élève comme un murmure confus de louanges et de regrets, d'espérances et de douleurs. On interrompt et l'on reprend sans cesse des entretiens dont la tristesse a je ne sais quel charme. Au milieu de ces épanchemens, mon cœur est serré, ma bouche est muette ; mais mon oreille attentive recueille, avec avidité, des récits touchans où se révèlent les vertus du Prince. Ce sont des émigrés qu'il a soutenus, des militaires égarés qu'il a ramenés, des citoyens auxquels il a fait rendre justice, des paysans dont il a relevé la cabane ou racheté l'héritage, des ouvriers qui lui doivent leur état et leur industrie, des pères de famille qu'il a préservés de leur ruine, des petits enfans même qu'il se plaisait à combler de ses bontés. *Il m'a sauvé, il m'a consolé, il m'a vêtu, il m'a nourri :* voilà ce qu'on entend rappeler de toutes parts.

En ce moment un roulement prolongé sur toute la ligne ; et le cri *aux armes*, nous annoncèrent que la halte était levée. Je quittai le soldat de Condé après lui avoir exprimé toute ma reconnaissance, et je suivis le cortège dans l'antique église consacrée à la sépulture de nos Rois. C'est là que trois races royales avaient dormi paisiblement pendant une longue suite de siècles, et que, tout à coup, arrachées de leurs somptueux cercueils par des mains sacrilèges, elles avaient été confondues dans une commune tombe et couvertes de la même poussière. A l'époque de la restauration des Trônes, les tombeaux furent aussi relevés. Ils étaient vides : la mort infatigable les repeupla bientôt. Les cloches sonnaient encore la venue d'un nouvel hôte.

Cependant les divins mystères s'accomplissent, et la cérémonie s'achève. Les gardes enlèvent le corps pour le déposer au milieu d'une chapelle ardente, en attendant le moment où il doit prendre place parmi les martyrs de la famille Royale. Nous entourons le cercueil de douze drapeaux noirs, symbole du deuil des douze légions Citoyennes ; le cortège défile en silence, et le peuple descend lentement les marches du temple, abandonnant la nef à sa religieuse solitude.

La pompe des funérailles a succédé, peu de jours après, à la solennité que je viens de décrire. L'auguste Famille est venue dire un dernier adieu à son bien-aimé, et chercher des consolations dans l'éloge de ses vertus. Sous ces voûtes qui, tant de fois, retentirent du récit de brillantes actions et de trépas glorieux, l'éloquence a tracé le tableau d'une vie bienfaisante et d'une mort chrétienne : de cette vie elle a tiré de grands exemples, et de cette mort de hautes leçons. Ensuite les redoutables caveaux ont reçu le dépôt précieux : les portes se sont solennellement refermées. Puisse maintenant le Prince reposer en paix. 14 Mars 1820.

La mort du moins ne l'aura pas dévoré tout entier. Une sorte de prophétie, échappée au milieu des douleurs, est près de s'accomplir : le moment approche qui doit réaliser nos espérances.

« C'est à toi, objet de tant de vœux, mais
« dont un voile impénétrable cache encore la
« destinée, c'est à toi que je consacre cette es-
« quisse, hélas! trop imparfaite, des traits d'un
« père qui ne doivent plus s'animer. Le marbre
« et la toile en retraceront sans doute plus
« fidellement l'image, et l'histoire te dira bien
« mieux tout ce que la grande ame de cet excel-
« lent Prince renfermait de nobles pensées, tout

« ce que son cœur contenait de sentimens gé-
« néreux. L'art et le zèle ne peuvent davan-
« tage..... Tes yeux du moins verront ta mère ;
« tes innocentes caresses rameneront quelque-
« fois le sourire sur les lèvres de l'inconsolable
« veuve, et peut-être, un jour, adouciras-tu son
« affliction profonde. Mais quel que soit le sort
« auquel la Providence te destine, ah ! n'en
« doute pas, ta naissance sera toujours une preu-
« ve certaine que la faveur divine ne nous a
« point abandonnés. Le sang du magnanime
« Henri, parvenu jusqu'à toi par deux sources
« aussi pures, se conservera sans mélange. Si,
« regardant enfin nos malheurs en pitié, le Ciel
« te confie le soin d'appaiser tant de haines, de
« fermer tant de cicatrices et de sécher tant de
« larmes, nous entourerons ton trône légiti-
« me de tout l'amour et de tout le dévouement
« que nous portions à ton auguste et trop
« malheureux père ; si, n'exauçant qu'une par-
« tie de nos souhaits, et néanmoins toujours mi-
« séricordieux, ce même ciel donne une nou-
« velle protectrice aux infortunés, une nou-
« velle mère aux orphelins, nous le bénirons
« encore... Il nous restera des Bourbons, et
« nous aurons un ange de plus. »

FIN.

www.ingramcontent.com/pod-product-compliance
Lightning Source LLC
LaVergne TN
LVHW020246230826
846091LV00006B/2265
* 9 7 8 2 0 1 1 7 5 2 1 7 8 *